문학과지성 시인선 144

나는 이제
소멸에 대해서
이야기하련다

박형준 시집

문학과지성사에서 펴낸 박형준의 시집

생각날 때마다 울었다(2011)

문학과지성 시인선 144
나는 이제 소멸에 대해서 이야기하련다

초판 1쇄 발행 1994년 5월 30일
초판 12쇄 발행 2024년 4월 22일

지 은 이 박형준
펴 낸 이 이광호
펴 낸 곳 ㈜문학과지성사
등록번호 제1993-000098호
주   소 04034 서울 마포구 잔다리로7길 18(서교동 377-20)
전   화 02)338-7224
팩   스 02)323-4180(편집) 02)338-7221(영업)
전자우편 moonji@moonji.com
홈페이지 www.moonji.com

ⓒ 박형준, 1994. Printed in Seoul, Korea

ISBN 89-320-0693-8 02810

이 책의 판권은 지은이와 ㈜문학과지성사에 있습니다.
양측의 서면 동의 없는 무단 전재 및 복제를 금합니다.

문학과지성 시인선 144

나는 이제 소멸에 대해서 이야기하련다

박형준

1994

自 序

어머니 당신은 이마 위의 땀방울이었습니다. 땀방울이 늘 즐겁진 않습니다. 잎 푸른 가지 밑에 쉬며 바람을 번역하던 시절, 그 記錄을 당신께 바칩니다.

1994년 5월
박 형 준

나는 이제 소멸에 대해서 이야기하련다

차 례

■ 自 序

갈대꽃/11
갈 대/12
달팽이/13
나는 이제 소멸에 대해서 이야기하련다/14
과부들/16
家具의 힘/17
하 마/20
겨울이 온다/22
공원에서 쉬다 1/23
공원에서 쉬다 2/24
공원에서 쉬다 3/26
열대의 묘지/28
몽상가/30
크리스마스 캐럴/34
시외버스 정거장/37
회 벽/40
장롱 이야기/41
이 저녁에/42
물방울의 밑그림/43
저녁 덤불숲/44
저녁의 노래를 들어라/46

산 책/47
   겨울밤/48
   일요일/49
신호등 있는 횡단보도/52
  티브이를 보며/53
    歸 鄕/54
  유년의 뜰 1/56
  유년의 뜰 2/57
  유년의 뜰 3/58
    봄 물/59
    봄나무/60
   옛집 지붕/62
    첫 눈/64
  해지는 쪽으로/65
  집으로 가는 길/66
    중국집/68
    봄의 幻/69
 동시 상영관의 추억/72
 채색된 영혼의 記錄/74
    어머니/76
  공원에서 쉬다 4/77
  공원에서 쉬다 5/78
    크리스마스/80
시에스터를 즐기는 屍體/81

▨ 해설・늙은 시간의 비애・이광호/82

갈대꽃

겨울 갈대밭에
휘이익 휘이익 벗은 발을 찍는
저 눈부신 비애의 발금
살을 다 씻어낼 때까지
잠들지 못하는 공포, 겨울 갈대밭에
바람의 찬손이 허리를 감아쥐고,
빛나는 옷을 입고 내려온 물방울이
소금불에 휘고 있다

갈 대

갈대들이 춤을 춘다
늪에서 불어오는 바람이 한 갈대를
스칠 때마다 먼저 한쪽의 갈대가 누우며
상대방의 다른 몸을 비비며 울고 뒤이어 全體가
커다란 항아리 속에 몸을 쪼그리고 우는 것처럼
울리고 있다 썰물에 바위 틈에 들어 있던
파도의 영혼이 마르는 시간만큼 울다가
고요의 風景 속에서 바람이 그치면
항아리와 항아리가 서로를 바라보듯이
각자의 비애로 돌아와 투명한 살부스러기를
대기에 떨어뜨린다 햇빛 속에 비애가 들어 있다
이번엔 갈대의 춤 속에서 비애가 씻기고 있다

달팽이

   달팽이 한 마리가 집을 뒤집어쓰고 잎 뒤에서 나왔다
   자기에 대한 연민을 어쩌지 못해
   그걸 집으로 만든 사나이
   물집 잡힌 구름의 발바닥이 기억하는 숲과 길들
   어스름이 남아 있는 동안 물방울로 맺혀가는
   잎 하나의 길을 결코 서두르는 법 없이
   두 개의 뿔로 물으며 끊임없이 나아간다
   물을 먹을 때마다 느릿느릿 흐르는 지상의 시간을
   등허리에 휘휘 돌아가는 무늬의 딱딱한 껍질로 새기며,
   굴뚝으로 빠져나가는 연기에 섞여
   저녁 공기가 빠르게 세상을 사라져갈 때
   저무는 해에 낮아지는 지붕들이 소용돌이치며
   완전히 하늘로 깊이 들어갈 때까지,

   나는 거기에 내 모습을 떨어뜨리고 묵묵히 푸르스름한,
   비애의 꼬리가 얼굴을 탁탁 치며 어두워지는 걸 바라본다

나는 이제 소멸에 대해서 이야기하련다

어둠을 겹쳐 입고 날이 빠르게 어두워진다
가지 속에 웅크리고 있던 물방울이 흘러나와 더 자라지 않는,
고목나무 살갗에 여기저기 추억의 옹이를 만들어내는 시간
서로의 체온이 남아 있는 걸 확인하며
잎들이 무섭게 살아 있었다

천변의 소똥 냄새 맡으며 순한 눈빛이 떠도는 개가
어슬렁 어슬렁 낮아지는 저녁해에 나를 넣고
키 큰 옥수수밭 쪽으로 사라져간다
퇴근하는 한 떼의 방위병이 부르는 군가 소리에 맞춰
피멍울진 기억들을 잎으로 내민 사람을 닮은 풀들
낮게 어스름에 잠겨갈 때,

손자를 업고 나온 천변의 노인이 달걀 껍질을 벗기어
먹여주는 갈퀴 같은 손끝이 두꺼운 마음을 조금씩 희고
부드러운 속살로 바꿔준다 저녁 공기에 익숙해질 때,
사람과 친해진다는 것은 서로가 내뿜는 숨결로
호흡을 나누는 일 나는 기다려본다

이제 사물의 말꼬리가 자꾸만 흐려져간다
이 세계는 잠깐 저음의 음계로 떠는 사물들로 가득 찬다
저녁의 희디흰 손가락들이 연주하는 강물로
미세한 추억을 나르는 모래들은 이 밤에 사구를 하나 만들 것이다

지붕에 널어 말린 생선들이 이빨을 딱딱 부딪치며
전혀 다른 말을 하기 시작하고,
熔岩처럼 흘러다니는 꿈들
점점 깊어지는 하늘의 상처 속에서 터져나온다
흉터로 굳은 자리, 새로운 별빛이 태어난다

그러나 나는 이제 소멸에 대해서 이야기하련다
허름한 가슴의 세간살이를 꺼내어 이제 저문 강물에다 떠나보내련다
순한 개가 나의 육신을 남겨놓고 눈 속에 넣고 간
나를, 수천만 개의 반짝이는 눈동자에 담고 있는
멀리 키 큰 옥수수밭이 서서히 눈꺼풀을 내릴 때

과부들

분노의 포도송이로 비유될 그녀들은 희고 단맛으로
가득찬 속살을 숨기고 있다 이슥한 밤의 기슭에서
분노는 포도송이를 붉고 향기로운 포도주로 바꾸지만
두꺼운 어둠 속에서 절망에 취한 목소리가 울려나오고
있었다
"그러나 인생이 바뀌지는 않는다"
가구의 무늬들 세월을 끊을 수 없어
희미해지는 추억을 안고 사는 저 둥근 여인들
희고 단맛으로 가득찬 속살을 숨기고 있는 분노의 포
도송이들

家具의 힘

얼마 전에 졸부가 된 사람이 있다
그 사람은 나의 외삼촌이다
나는 그 집에 여러 번 초대받았지만
그때마다 이유를 만들어 한번도 가지 않았다
어머니는 방마다 사각 브라운관 TV들이 한 대씩 놓여 있는 것이
여간 부러운 게 아닌지 다녀오신 얘기를 하며
시장에서 사온 고구마순을 뚝뚝 끊어 벗겨내실 때마다
무능한 나의 살갗도 아팠지만
나는 그 집이 뭐 여관인가
빈방에도 TV가 있게 하고 한마디 해주었다
책장에 세계문학전집이나 한국문학대계라든가
니체와 왕비열전이 함께 금박에 눌려 숨도 쉬지 못할 그 집을 생각하며,
나는 비좁은 집의 방문을 닫으며 돌아섰다

家具란 그런 것이 아니지
서랍을 열 때마다 몹쓸 기억이건 좋았던 시절들이
하얀 벌레가 기어나오는 오래 된 책처럼 펼칠 때마다
항상 떠올라야 하거든

나는 여러 번 이사를 갔었지만
　그때마다 장롱에 생채기가 새로 하나씩은 앉아 있는 것을 보았다
　그 집의 기억을 그 생채기가 끌고 왔던 것이다
　새로 산 家具는
　사랑하는 사람의 눈빛이 달라졌다는 것만 봐도
　금방 초라해지는 여자처럼 사람의 손길에 민감하게 반응하지만,
　먼지 가득 뒤집어쓴 다리 부러진 家具가
　고물이 된 금성 라디오를 잘못 틀었다가
　우연히 맑은 소리를 만났을 때만큼이나
　상심한 가슴을 덥힐 때가 있는 法이다
　家具란 추억의 힘이기 때문이다
　세월에 닦여 그 집에 길들기 때문이다
　전통이란 것도 그런 맥락에서 이해할 것——
　하고 졸부의 집에서 출발한 생각이 여기에서 막혔을 때
　어머니의 밥 먹고 자야지 하는 음성이 좀 누그러져 들려왔다
　너무 조용해서 상심한 나머지 내가 잠든 걸로 오해하셨나

나는 갑자기 억지로라도 생각을 막바지로 몰고 싶어져서
어머니의 오해를 따뜻한 이해로 받아들이며
깨우러 올 때까지 서글픈 家具論을 펼쳤다.

하 마

하마여 너는 설운 동물이다
게으르고 나른한 눈으로 좋은 풀만을 골라먹는,
네 모습에 나는 처음으로 동생을 갖고 싶다는 생각을 한다
육중한 몸에 비해 초라한 점심상을 맛있게 해치우는
하마야, 너는 내가 처음으로 놀아줄
형제 같고 동족 같고 설운 아프리카의 난민 같다
네게서 나는 설움을 자기식으로 삭인 민족을 본다
(퀭한 아프리카 아기의 눈에서 슬픔을 배운 흔적이
미친 듯이 황홀하게 내리붓는 햇빛과
키만 삐쩍 큰 거죽만 남은 어른들 사이로 지나간다)
하마가 물가에 나와 어울리지 않게 몸을 굴리며
둥근 코로 콧김을 식식 내뿜을 때,
나는 무서운 정글이 놀이터로 바뀌는 순간을 경험하고
처음으로 아기들이 사는 아프리카가 걱정된다

초원에 전부 물이 마르면
모든 물고기와 가족을 데리고
강을 거슬러 진흙뻘만 남은 물의 근원,
아프리카의 엉덩이에 그 커다란 엉덩이를 내리깔고

비 올 때까지 견디는 하마떼가,
풀잎 삭힌 냄새처럼 여리디여린 아프리카 아기들의
몸뚱이와 함께 어둑어둑해진 오후,
테레비에서 흘러나오는 빛을 타고 온 방을 가득 넘실
거린다

겨울이 온다

나는——연인들의 겨울
사랑을 둥글게 채워주던 빛을
거두어들인다
밀어의 반짝임을 눈동자같이 지켜주었던
부드러운 눈꺼풀도 모두 대지의
상자갑에 넣어둔다

그래도 손길이 미치지 않는
나뭇가지가 있구나, 내 안의 열망으로
가득찬 겨울의 뜰에는
바람과 진눈깨비를 기다리는
聖者처럼, 붉은 열매가 몇 개 충혈되어 있다

나는——다디단 겨울의 나뭇가지
참혹한 대지에 앵글을 맞춘 카메라
눈꺼풀이 없어 흐려지고 마는 초점

공원에서 쉬다 1

 나는 본다 들여다볼 수 없이 깊은 연못을, 노파들이 오래 된 도시의 주름 속에서 느릿느릿 새어나오는 광경을…… 살아 있는 건 무채색의 어둠뿐이라는 듯이 끔찍하게 늙은 검은 얼굴들을 보았다 죽은 나무와 밑동에 돋아나는 버섯과 잎 끝에 떨어질 듯 말 듯 매달린 물방울의, 그 휘황한 불꽃의 주인인 그녀들을……
 그녀들은 어떻게 알고 서로 모이는가 그들끼리 있을 때만은 왜 쉴새없이 입이 벌어지는가 어둠에 긁힌 듯한 웃음 소리를 자랑스레 내는가 테가 닳은 억양이 서로를 감싸주는 친밀한 분위기 때문인가 낡은 벤치들 눈을 굴리며 거들먹거리는 비둘기의 전리품들 깊은 칼집과 사라진 밀어들 어떤 밤의 흔적도 남지 않은 구멍이 사라진 악기들……
 그런데 왜 저들은 나에게 매혹적인가 어스름을 빨아들여 털 하나하나가 광휘를 뿜어내는 저녁의 고양이를 만난 것 같은가
 나는 이 도시에서 얼마나 오래 살았던가 향로인 양 주둥이를 내미는 꽃과 상스러운 허리를 뒤트는 몸짓과 교만한 눈빛, 천박한 체위를 강요하는 들끓는 욕망과 왼손으로 써내려간 문장처럼 떠 있는 구름과 말없이 사라지는 불꽃들을 보면서……

공원에서 쉬다 2

천식을 앓는 아이들의 기침 소리 공기 속에서 들려온다
화교 기독교 교회 옆을 지나가면서 물끄러미
바라보았다, 검은 노파들, 이상하게 비틀린 광휘의 무
늬들을
이국의 표정과 억양에 모서리가 깎이고 닳은
저들이 부르는 찬송가는 중성에 가깝네
광포한 세월이 막무가내로
비탈진 높은 곳 낮은 담장 너머로 계속 흘러나오네
저녁밥 먹으러 식당 가는 길에
빛 잘 드는 마음 없어 하며 잎들이 숨을 죽인다

그러나 안이 쉬이 보이지 않는 예배당 첨탑 끝,
빨간 해가 빨리 걸어온 길을 헌 운동화처럼 쉬고 있네
저녁 공기 속에는 꿈에 젖게 만드는 물질이 있나봐
예배를 끝내고 쏟아져나오는 교인 중에서도 왜 노파
들만
눈에 띄는지,
화교 기독교 교회 옆을 지나면서 물끄러미 바라보았다
밥 먹으러 가는 길, 저 젖은 불꽃들
내 눈이 가 닿으면 금방 상처받는 담장의 장미꽃 넝쿨

들을
　말하려고 애쓰는 축축하게 타는 입술이,
　예배당 첨탑 끝 헌 운동화처럼 외로운 빨간 해를
　더욱 빨리 지게 하였네

공원에서 쉬다 3

가난한 연인들에게 겨울은 죽음처럼 온다
그들 사랑이 갑작스럽게 왔듯 겨울도 그러한가보다
이제 공원의 새들조차 냉정하다
한때 사랑을 둥글게 구부려주었던 기억들은
모두 떨어져 빵봉지처럼 뒹굴고, 그러나 가끔은
하늘에 뻗친 시린 손을 감싸는 장갑이 되려고 북풍에 떠오른다
겨울이 오면 가난한 연인들은 외투에,
함께 손을 넣고 다니지 않고 따로 떨어져 걷는다
그럴 때 그들의 등은 추수를 끝낸 농부의 등을 닮는다
그들은 이제 수십 번도 넘게 사랑을 속삭이며 걷던 길을
낯선 이방의 땅끝인 양 걷는다
눈꺼풀이 모두 지워져 있고 몹시 충혈되어 있는 나무가,
꼭 스스로 眼球가 터지길 기다리듯 그 길에 흔들린다
아름다움 속에는 참혹한 것이 얼마나 많은가
참혹해지기 위해서는 얼마나 아름다워져야 하는가
그 길을 조심스럽게 빠져나가며 바람이 중얼거린다,
그러나 그 중얼거림마저 그치고 나면 가난한 연인들은
각자의 생각에 잠겨 한 그루의 죽음에 스민다

그리고 가여운 연인들의 죽음은 겨울이 가장 먼저 눈치챈다
  겨울은 내일이 없는 시간 속에 위치한
  그들의 사랑을 더욱 빨리 걷게 하고,
  손길이 닿지 않는 가지에 날짐승들이 먹게
  붉은 열매 하나를 남긴다
  입을 틀어막고 나뭇가지 끝에 흔들리는 저 무게가 없는 몸뚱이,
  맑고 찬 하늘 속을 저미어가는 새
  月光처럼, 한 알의 열매 속에서 이윽고
  질질 끌려나온 무엇인가 눈부신 흔적이 한세상 힘겹게 건너간다
  겨울이 오면 가난한 연인들은
  흔들리는 나뭇가지처럼, 제 가슴에 무덤을 묻고
  푸른빛 도는 저녁의 화관을 머리에서 내린다

열대의 묘지

　하늘을 조금도 쏟지 않고 떠가는 항아리를 이고 가는 오누이
　――사닥다리도 없이, 파도 끝 같은 서로의 손 잡아주면서,
　우물물로 빨래를 하고 밥을 짓는 여인들이 이고 있는 하늘 속으로
　잎 뒤에 숨은 심연이 느릿느릿 기어나와,
　한 마리 달팽이처럼 응시하는 줄도 모르고 올라가고 있었다

　일몰의 물방울이 天眼이 되어 떠도는 숲
　허리에 고개를 묻고 상처를 견디는 개들의 그림자 위로
　긴긴 복날의 하루 해가 긴 꼬리를 끌며
　속이 터진 마음을 붉은 혓바닥으로 녹여주러 오리라,
　하늘을 조금도 쏟지 않고 떠가는 항아리는 그렇게
　또 위태로운 여인들의, 걸음의 아름다움을 물방울 속에 새겼으리

　아주 하얗고 아득히 높은 곳에서 묘비들이 기울어간다
　언덕을 올라가는 오누이를 더 이상 비출 수 없는 물방

울은,
  어디 딴 세상으로 어두워지고, 꽃을 바치는 손길 하나가
  묘지 밖으로 뻗어나가는 길처럼 달빛에 반사된다
  아직도 피에 젖은 개울음 소리가 그 길에 희미하게 어른거린다

  열대의 밤을 누군가 또 건너가려 하고 있다
  잎 뒤에 숨은 한 마리 달팽이가 심연처럼 응시하는
  묘지의 밤을 커다란 사내가 삽으로 파고 있다
  하늘을 조금도 쏟지 않고 떠가는 항아리의 물,
  그 어둠 속에서 흘러나온 것만 같은 한 사나이가
  자꾸 열대의 밤을 내려가고 있었다

몽상가

1

몽상가인 그는 많은 것을 얻었다.
우선, 가장 중요한 게으름을 얻었다.
취직하지 않아도 아무도 욕할 수가 없었다.
그는 몽상가이기 때문이다.
몽상가인 그는 많은 것을 잃었다.
우선, 가장 중요한 건강을 잃었다.
하루 종일 누워 천장의 형광등 불빛 속에 게으름의 손을
내리고 추억을 집어올렸다.
그리고 어느 날 그가 죽었다.

2

몽상가인 그는 많은 것을 얻었다.
몽상가인 그는 또한 많은 것을 잃었다.
취직하지 않아도 욕할 수 없었던 것은
그가 몽상가였기 때문이다.
대신 그는 일하지 않았으므로 자꾸 집을 옮겨야 했다.
다리 뻗을 만큼 그가 누울 자리에 누워 있을 만한 방도
이 세상엔 자꾸만 적어져갔다. 그가 마지막으로 옮긴
집은

다리 뻗을 수조차 없을 만큼 작았지만 몽상 속에서 최후로 완성될 집은
세상을 손님으로 받아들일 만큼 컸다.
그 커져가는 집을 품고 있는 그의 거처는 아주 작은
것이었다. 그리고 그가 죽었다.
그가 벌떡 일어났기 때문이다.

3

몽상가가 죽었다.
죽은 몽상가는 땅에서도 받아주지 않았다.
집주인이 밀린 방세 대신 해부용으로 팔아버렸기 때문이다.
그리고 당연히 해부가 시작되었다. 어린 학생들이 노련한 선생님의
지시에 따라 생선을 가르듯. 날은 흐리고
날씨는 무더운 그날. 밀폐된 창으론 차가운 땀이 맺혔다.
잠시 후 그들은 보게 될 거다. 그의 흉곽을 절개할 때
얼마나 많은 새들이 가슴에 통통하게 살이 쪄 가슴속에서

깃을 치며 일시에 날아올라 창문이란 창문에 머리를 박살내고

죽어가는가를. 얼마나 많은 나무가, 꽃들이 일시에 썩어가는가를.

또한 얼마나 많은 집들이 집을 품고 있는가를.

집들은 허물어져 석회 벽에 얼마나 이끼가 자라 있는가를.

어쩌면 그가 생전에 그토록 좋아했던 패랭이꽃 한 송이쯤

그의 흉곽에 꽂혀 있겠다.

그러나 그의 흉곽이 유리병에 담겨지는지 어쩐지 알 도리가 없다.

4

그는 항상 누워 몽상했지만 이번은 특히 다리 저리더라도 누워 몽상해야 안전한 것이었다.

흉곽 속에서 그 집은 그의 모든 몽상에게 세줄 만큼 커가고 있었으므로

그 집에 비하면 그의 거처는 정원에 핀 꽃의 줄기에 난 솜털처럼

작은 것이었으므로. 그런데 그가 일어났다.
다리가 저려서 일어난 건지 다리 뻗을 수 없는 방이 자신의 몽상을 방해하고 있다고
느껴서 일어난 건지 알 수 없지만, 그 엄청난 집을 품고 있던 그가
일어나버렸다. 순간 그는 아주 사소한 실수로 지금 자기 목숨이 경각에 달렸다는 것을,
처음으로 현실로 돌아와 깨달았다.
그러나 이미 엄청나게 커가는 집이 함께 일어났기 때문에
그 좁은 집의 천장이 그 충격을 못 이기고 그를 덮치고 난 후였다.
집주인이 수리비까지 포함해서 이 몽상가를 팔아먹은 건지 어쩐지 말이 많았지만,
해부가 끝났을 때 그런 집의 흔적은 흉곽 어디에서도 발견되지 않았다.
현실에 드러난 몽상은 햇빛이 들어간 필름처럼 금방 타버리기 때문이다.

크리스마스 캐럴

　어둠은 재빠르게 단추를 채우고 끝없이 긴 마루 복도를 지나가고 있었다
　교대 시간이 멀지 않았다 한번 훑어봐야 하지 않겠는가 어둠 속에서 그래도,
　벽의 스위치를 올렸다 사내는 천천히,
　그의 뒤로 삐걱거리며 따라온 소리가 벽이 온통 창문인 벽의 희끄무레한 먼지 낀 풍경을 흔들었다
　바람은 몹시 불었다
　수은주의 눈금도 더 이상 내려가기 힘들어 수은을 흘렸다
　사내는 코를 풀었다 아주 천천히,
　추억이란, 추억이란, 추억이란 크리스마스 캐럴이 어디선가 울렸다
　추억이 대체 무엇이란 말인가
　그의 발밑에 나이테가 희미하게 돌아가고 있었다
　소용돌이
　정말 어떤 마룻장들은 틈이 벌어져 있었다
　추억이란 저 마루의 틈을 벌리는 시간은 아닐까
　마루 복도 밑 바닥에
　아이들이 밥 먹다 빠뜨린 젓가락같이

아주 사소한 것들까지 이 저녁 내 가슴을 벌리려 애쓰
는 것은 아닐까
 먼데서 크리스마스 캐럴이 죽은 나뭇가지를 툭툭 쳤
다,
 사내는 창문에 머리를 대고 차갑게 죽은 나뭇가지가
부러져나가는
 어둠 속으로 주름이 지렁이처럼 자라는 손을 뻗어 가
만히 댔다
 내 손의 남아 있는 온기를 타고 뿌리의 욕망이여, 가지
끝으로 올라가 잎을 틔우라
 저쪽 맨 끝 복도의 스위치를 내리기 전 마지막으로 본
그는 제복과 모자까지도
 무척 낡았다, 오늘따라 굽은 등이 더욱 굽어 보이는
 그는 금방 어둠에 가려 잘 보이지 않는다, 사내가 나올
때까지 안간힘을 다해 타고 있던
 정문 옆 집무실의 난로는 차갑게 꺼져 어둠 속에서
 얼음이 살아오르고 있었다 사내와 대부분의 시간을 보
냈던
 부러진 다리를 다시 박은 낡은 의자를, 한쪽 다리가 짧
아 보이는 의자를,

그 얼음이 맺고 있었다, 교대자는 아직도 오지 않았다
혹시 왔다가 그 젊은 교대자는 말라죽을 영감
불은 꺼놓고 어디를 싸다니는 거야 욕을 퍼부으며
투덜투덜 검게 빛을 내는 석탄광으로 내려간 것은 아닐까
아주 느릿느릿 왔던 곳의 반대편 입구로 걸어간 늙은 사내는
두껍게 쳐친 어둠의 幕에 가려 이제 어디에도 보이지 않는다
바람 속으로 끊임없이 들려오는 크리스마스 캐럴이 여전히 죽은 나뭇가지를,
땅 위로 뚝뚝 부러뜨려놓았다.

시외버스 정거장

 부레만한 버스 불빛 속으로 생선 궤짝을 안고 들어가
는 여자.
 죽은 나무 밑동에 아직도 남아 있는 그 무엇이 있다는
듯 돋은 화사한 독버섯처럼,
　살갗은 쭈글쭈글하고 움푹 패인 뺨에
　유일하게 살아 있는 검버섯 핀 여자.

이 여자는 이 늦은 저녁 왜 생선 궤짝을
저렇게 조심스럽게 안고 들어가는 것일까.
하필 그런 골골로 뒤돌아본 것일까.
도대체 궤짝 속에는 무슨 이름을 가진 생선이
죽어 있는 것일까. 갈치? 정어리? 그러면 조기?
아니다. 그 속에 토막난 시체가 비닐에 싸여
뒹굴고 있다 해도 놀랄 이유가 없지 않은가.
이제 모든 것들은 콘크리트로 포장되었고
화단에 자라는 나무꽃 행렬조차
콘크리트를 수사하기 위한 문장 위에 찍힌 방점 같지
않은가.
 자신과 상관없는 죽음들에 슬퍼할 이유도, 여유도
 이 도시는 지니고 있지 않은데

하지만 어쩔 것인가, 꽝꽝 못질한 궤짝 속
냄새마저 못질할 수 없음을,
늙은 여자는 무인도같이 쓸쓸하게 생선 궤짝을 안고
그 좁은 버스 안에서 따로 떨어져 흘러간다.

정거장 앞에서 사내는 아득히 멀어지는 버스 뒤꽁무니
를 본다.
구월의 가로수에서 질 나쁜 종이처럼 찢긴 잎이 떨어
지고
바람이 불기 시작한다, 기다리는
버스는 좀처럼 오지 않는다.
하지만 그 또한 가로수에서 질 나쁜 종이처럼 왜 잎이
찢겨나는지
무슨 불온한 내용을 적어가고 있었길래
그 文章은 저렇게 일찍 떨어졌는지 생각할 수 있을까.
여유가 길어지면 길어질수록 그의 마음속에서
버스는 가스 레인지 위의 주전자처럼 끓는데.
(견디기 어려운 존재의 가벼움?)
컵 같은 방에 따르어지기까지
졸음은 끊임없이 그를 방문하고

유리창에 모락모락 김이 올라갈 텐데.
육체는 비록 변방으로 쉴 곳을 찾아가나
생활은 온전히 시내에 있음을 상기하듯
그는 이마에 가만히 손을 댄다.
사내가 서 있는 줄은 빠져나갈 수 없는 殉葬의 행렬처럼 불빛에 강조된다.

회 벽

　회벽을 마주보고 있으면, 春畵를 몰래 보고 있는 느낌이 든다
　中三 때 국어를 가르치던 예쁜 여선생님이 한 문단을 읽을 때마다
　여드름이 돋아나는 것 같아 창밖을 내다보면,
　가늘게 금간 창유리로 비집고 들어오는 봄향.
　아이들이 책상 밑으로 돌려보다 나까지 온 春畵가 생각난다
　라일락나무 밑을 걸어가는 것 같은 어지럼증 속에서
　春畵 밑에 깔려 있는 국어책을 생각하며 훔쳤던
　여선생님의 입술 밑에 까만 점이 한 개 있는 것을 처음 본 기억이 난다
　회벽을 마주보고 있으면, 모든 기억은 흑백 TV의 화면같이 켜진다
　향기까지도 흑백 명암으로 다가온다 그 지독한 春畵도
　동굴같이 벌어진 입 속으로 흘러드는 쾌락을 보는 눈빛도 모두
　하얀 색깔로 싸여 빛나고 있다

장롱 이야기

나는 장롱 속에서 깜박 잠이 들곤 했다
장에서는 항상 학이 날아갔다
가마를 타고 죽은 할머니가 죽산에서 시집오고 있었다
물 위의 집을 스칠 듯——
뻗는 학의 다리가 밤새워 데려다주곤 했다
신방에 다소곳이 앉아 있는 오동나무 장롱처럼, 할머니는
——잎들이 자개붙이에 비로소 처음의 물소리로 빛을 흔들었고,
차곡차곡 할아버지의 손길을 개어넣고 있었다
나는 바닥 없는 잠속을 날아다녔다
그리운 죽은 할머니의 검은 머리칼에 얼굴을 묻고
고추가 간지러워 천천히 깨어날 때,
마지막으로 힘찬 울음 소리와 함께 장롱에서——
학의 길고긴 다리가 물 위의 집으로 돌아가는 소리를 듣곤 했다

이 저녁에

   황혼이여,──저녁 하늘의 수술 자국이여,──꿈이 태어나는 居所여,
  이 저녁에 또 하나 별빛이 통증처럼 뻗어나온다
  나는 말하지 않으련다, 아물지 않는 상처가
  얼마나 아름다운가를!
  한없이 느릿느릿한 걸음걸이가
  향기를 안으로 익혀 포도송이로 꽉찬 포도나무밭이,
  밀짚 다발 훈훈한 헛간이,

  태양이 자박자박 걸어들어간 숲속에 난 사잇길로
  농부가 걸어나온다 맑은 혓바닥 같은 이슬이 맺힌
  나뭇잎 사이로, 기적처럼
  소방울 소리가 남아 한참 울리고 그때마다
  상처받는 사물들 붉은 속살이 하늘에 가득 돋아오른다

  밥 타는 냄새 속에
  둥글게 모여앉아 기다리는 家族들,
  굴뚝에 오르는 연기를 따라가면
  밥상처럼 차려져 있는 달
  먼 집, 대답 없는 날들이 대문이 빼곰 열린 마당
  서늘한 우물에 어지럽게 떠 있다

물방울의 밑그림

 잃어버린 바다의 주소록이 한 방울 물방울로 맺혀 있습니다. 가슴의 환한 고동 외에는 들려줄 게 없는 식물의 노래, 식물의 별입니다. 물의 씨앗들이 잠든 물방울은 길 끝에서 만난 저녁의 무늬입니다. 솟구치는 자세로, 막 저녁의 깊고 기운 빛을 입고 날아가는 구름 형상을 한 식물과 만난 밤은 날갯짓도 고요합니다. 똑똑뚜뚜르르르 내부의 가장 깊은 곳 어둠을 쳐 비스듬히 올라온 가지 위로 또 다른 물방울 성좌가 운행합니다. 버리고 버립니다. 물을 찾아 내려오는 짐승들 맑고 찬 눈동자에 떠도는 빛, 떨리는 걸음 하나만 남겨놓습니다. 어느새 사막의 모래먼지 두터운 마음이 씻기고 씻겨 거기 참한 한 별로 떠오르고 있습니다. 오색 물 속에 피는 꽃잎들 쫙 펴 음악 소리를 내줍니다. 저녁이 잘 비칩니다. 두 다리를 비틀리게 하는 그 음악 소리, 자세히 들여다보면 딱딱하고 굳은 혀와 마른 등걸처럼 갈라진 세월 속에 솟구치는 무늬, 바로 내 버려진 어둔 날들의 황홀한 고동 소리입니다. 그러나 나는 물방울 속 깊이 감춘 그 시절 내 이름을 결코 찾지 않으렵니다. 부르지 않으렵니다. 창턱에 턱을 괸 수염이 꺼칠한 외로운 청년 하나, 먼 곳 집의 눈꺼풀인 커튼이 어른거리는 저녁, 모두 빛과 물의 씨앗들로 둥싯 부풀어 갑니다.

저녁 덤불숲

작은 덤불숲을 보았다, 그 위로
나무들이 집만한 그림자를 드리웠으므로
나는 그 속에 남편처럼 천천히 들어갔다
바람의 잎사귀들이 남은 해꼬리를 따라
덤불 밑을 부풀리며 숨죽인 채 그 끝에 흔들렸다
얼마를 더 들어가자, 한 그루
덤불을 지붕처럼 이고 있는 작은 꽃나무가
가지에 물방울을 걸치며 잠이 들고 있었다
잎 없고 작은 꽃나무 위에 아직도
가늘게 눈을 뜨고 바라보던 햇빛이 꺼지며
물방울 속에서 붉은 혀로 事物을 녹이는 것이
보였다, 남몰래 천천히 하나씩
다시 걸었을 때 점점 깊어지는
저녁 공기의 마룻장 속으로 소리가 빨려드는지
발소리가 나오지 않았다

물방울 속에서 녹은 것들이
향기로 변해 뛰어다니며 벗은 맨발처럼
하얀 꽃잎을 밀어내는 것일까
집에 돌아오자 골목의 빈곳을 울리며 뒤따라

발자국 소리가 문으로 다가왔다, 지금
작은 꽃나무가 깨어 덤불숲을 나 대신 거닐다가
내려오는 소리일까 더 어두워진 창문에서
창을 열 듯, 그러는 동안
영혼이 눈을 뜨고 푸르스름한 담배 연기처럼
몸을 돌아나와 떼지어 집 밖으로 날아갔다
덤불 속 작은 꽃나무 위로 둥그렇게
떠오르는 것일까, 물방울 속에서 피는 꽃잎들
온몸을 열고 맞아주는지
은밀한 곳까지 받아주는지 캄캄한 창문이
다시 환하게 밝아올 때

저녁의 노래를 들어라

이 세상 것이 아닌 마음
이 세상 것이 아닌 형체
아무도 내가 왜 유독 저녁의 노래만을
부르는지 모른다
젖은 태양과 흐릿한 어둠 속으로
사라져가는 것들의 뒷모습을

순간의 형용할 수 없는 밝음과 어두움을
동시에 날개로 펴는 저녁의 울음
들어라, 너희는 다 어디로 갔는가

향료 섞인 바람에
살결이 희어지는 여인들
세월에 닦여 반들거리는 가구와
무엇인가 채워지길 기다리는
그릇의 문양들은 다 어디로 갔는가

저녁에는 왜 이리 많은
닳은 지문들이 방바닥에 떨어져내리는지
무릎을 싸안고 들여다보면,
오 선명해지는 너희 지친 모습이여

산 책

代父 방이여
병풍 속의 새들이 울고
벽지 속에서 꽃들이 가득 피어나
파리가 날아와 앉아 똥을 싼다
그 자연 속에 바퀴벌레도 살고 있다
가구 밑,
먼지 속에 낮에는 웅크리고 알을 낳고
밤이 되면 기어나와 먼지 낀 창
흔들리는 가로등 불빛 달빛인 양 즐긴다
늑대들은 둥근 달 속에
자기 고향이 있다고 울부짖는다지만
왜 바퀴벌레도 두 장의 날개를 감추고 있는데,
오늘밤 달빛이 타는
청명한 하늘로 사라지지 말라는 법은 없지
이 방의 자연을 모두 들어올려
오래 된 창문에 생긴 옹이 속으로 빨려들어가
발자국을 찍고 있지 말라는 법은 없지
흔들리는 가로등 불빛 달빛인 양 부어지는,

겨울밤

새벽 세시, 벽지의 꽃들이
내 마음의 구멍을 들여다보는
깊은 잠을 잔다

한밤중에 계단을 올라온 것이
이중으로 잠근 문꼬리를 비튼다
아파트 문에
한 꾸러미 열쇠 뭉치를 갈아끼우며
덜커덩거린다

덜커덩 잠이 문득 깨인다
문 뒤에 소곤거리는 저것들이
내 마음에 끊임없이
한 꾸러미의 열쇠를 갈아끼우며
어둠 속에서 웅웅거린다

일요일

　나무 그늘 밑 공원 풍경의 일부인 듯
　잔디밭에 신문지를 깔고 드러누워 있는 사내 황급히 일어선다
　기억할 수 없지만 무슨 工具처럼 벌어진 입은 모처럼의 휴일
　휴식의 볼트도 제대로 죄지 못한 데 대한 탄식이 가득하다
　비가 사내의 얼굴에 꽂히고 있었다, 건축 공사장에 가득 꽂힌 철골처럼
　날개도 없이 떨어지던 동료들인 듯이
　하늘의 인부도 다 차 한꺼번에 지상으로 서글픈 환속당하듯이
　흰구름들은 잘게 부서져
　내려오고 있었다, 그는 참 많은 돌들을 쉬지 않고 올렸다
　어떤 날은 하루 종일 건물의 내부를 돌아다니며
　내일은 좀더 좋은 일자리를 배당받지 않겠느냐고
　희망을 타일처럼 박아넣었다 동료들같이 썩은 계단은 밟지 말자고
　죽은 사람은 죽은 사람, 모처럼 쉬는 일요일에 흰구

름이
 건축물처럼 떠 있는 하늘 잘 보이는 공원을 올라가리라 다짐하고 있었다
 그리고 오늘 더위에 새발자국이 찍힐 것 같은 아스팔트 벗어나
 잠시라도 쉬는 법 없는 몸을 풀어주려 올라온 것이다
 그런데 이게 뭐람 공원은 순식간에 관뚜껑이 열린 채
 시신들이 모두 사라진 방치되는 공동묘지 같다
 사내는 참담한 방문객처럼 홀로 비 맞는다
 그와 동료들이 세웠던 건물들이
 다른 명의의 주식회사로 둔갑해 카탈로그와 빛나는 광고 문안으로
 채워져 아침마다 마시는 우유처럼 배달될 때
 사람들 가슴에 매장당하는 기분이었지만,
 휴일만은 이 모처럼의 휴일만은 아무도 뺏아가지 못할
 하늘의 건축물을 보며 잠들고 싶었는데,
 그런데 모두 쏟아져버리다니, 3단짜리 기사의 일생처럼 살아온 사내의 얼굴이 일그러진다
 발밑에 아무렇게나 구겨져 있는 신문지를 발로 힘껏 걷어차버린다

신문지는 그러나 멀리 가지도 못하고 쓰레기통 근처에서 활자를 한 자 두 자 떠내려보내며 하얗게 비어간다
  이 순간만은 그대들의 긍지처럼 썩어가는 광고 문안도 카탈로그도,
  지긋지긋하게 상영되는 만화 같은 정치를 강요하는 일면 머리 기사도
  비어가리라 싹 비어가리라 그리고 이 비 그치면
  자작나무에서 사랑을 속삭이는 햇빛들로 공원은 충만하겠다
  갑작스럽게 비 그쳤듯 사람들은 아우성치며 떼지어 어디에서든 흘러나오겠다
  쓰레기로 자신을 남기겠다 비둘기들은 아양을 떨며 연인들의 발밑에 기웃거리다가
  팝콘처럼 부푼 연애를 흔적도 없이 삼켜버리고
  눈만 깜박깜박거리겠다 언제 그랬느냐는 듯이 오래 오오래
  편안하겠다 세상은 그런 게 아니겠느냐고

신호등 있는 횡단보도

삼십 초 동안만 열리는 비단길
시간을 잘 맞춰야 한다
아무리 앞서간 상인이 물건을 다 팔고
소비자를 만족시켜줬다 해도
서두르지 마라, 시간은 모래알보다 많으니까
멋모르고 사막에 깊숙이 들어간 성질 급한 방물장수는
방울뱀처럼 딸랑거리며 고개 빳빳이 쳐드는 차량에 포위된 채,
섬이 되어버린다
곧 친절한 세리가 달려와 토지세를 매기고
풀어주리라

티브이를 보며
──거리에서

삼성전자 대리점 유리창 안에서
소리도 없이 짧은 예고 프로가 지나간다
隊商들이 낙타의 등 같은 사막
길들이며 펼쳐논 사원
벽화 속의 부처가 띄운 미소가
千年을 건너와
내 눈에 맺혔다 꺼진다
마음의 화면에
뭔가 꿈틀꿈틀 기어나간 흔적이
여전히 실금으로 남아 있는
벽화의 미소를
욕망이라고 부르면 안 될까, 스위치 방금 올린
형광등처럼 깜박깜박거린다면 안 되나

聖도 性에서 왔다
갔다, 낮 두시 주말
어떤 골목은 텅 비었지만
붐비는 서울을 빠져나가는 시외버스처럼

歸 鄕

발굽 없는 말이 왼종일 걸어갔다
백송나무 굵다란 둥치
말라 비틀어진 개미의 흐늘한 촉수에서
바람의 냄새가 숨 없이 흘러내리고,
마을에는 적막한 계절이 웅성거린다
탱자나무 울타리에 탱자의 노오란 꿈들이 익어가듯이,
기억이여, 문짝 떨어진 집을 열고 들어가는 말이여
심지 없는 등잔 속 떨리는 두 무릎 꺾고 보니,
해초 그늘 사이에서 불어오는 젖은 피리 소리 찾아
떠나고 남은 물가, 발자국에 고여 있던
하늘의 정어리 같던 구름 한 채 선명하구나
기차에서 떨어져 죽은 사람들의 입술이
침목 사이 자갈을 밀고 올라와
뜨겁게 잎을 흔들며 경적 소리에 자기 이름을 부르듯
이,
알아들을 수 없는 신원 미상의 기억들도
불꽃을 내며 탁탁 튀어오르는구나
철로변 나무가 밀어낸 애葬 같은 꽃 속으로
파고드는 벌인 듯이,
심지 없는 등잔 속 팽팽히 기억을 빨아올려

문짝 떨어진 집의 방안을 환히 적시는 발굽 없는 말이여
　지나가는 사람이 들여다보면
　벽에 그림자들이 웅성웅성 밀담을 나누고 있으리라

유년의 뜰 1

아버지의 들판에 허수아비가 누추한 하루를 정찰한다
적막을 감시한다 해가 지다 말고
붉은 얼굴로 창호지에 어른거릴 때 아버지는
도루코 칼끝으로 발뒤꿈치의 굳은살을 깎아낸다
빛을 다 깎아내고 한참 뒤에 어두워진 마당
마음의 지문처럼 해당화가 꽃진 자리에 붉은 열매를
달아놓는다
숟가락을 꼬옥 그러쥐고 무거운 공기를 파내듯
잔가시 가득한 몸을 가리고 잎은 달그락달그락
집을 밥그릇처럼 긁는 쥐소리와 함께 확대된다

유년의 뜰 2

새벽의 식욕을 깨우며 보통열차의 경적이 늘 지나가고
불때는 막내누이 보러 빈 마당에 나서니
우리 祖上들 영혼 데려가면서
굴뚝이 집을 덥혀주고 있었나보다, 그렇게
속이 까맣게 타고 있었나보다
날아가는 연기를 바라보면서
파르르한 마음이, 얼어붙은 발을 구를 때마다
생기는 문장들
못 보던 그 잔별 빛을 그리워한다

유년의 뜰 3

좁은 골목길을 헤매다가
밤중에 물이 고인 웅덩이를 보았다
낮은 처마를 잇대어 고개를 숙인 낡은 가옥들
집의 한쪽이 내려와
밤의 방언을 웅얼댄다
길의 눈인 웅덩이에 빈 버스처럼 떠돌아다닌
부르튼 마음

봄 물

  발저린 꿈으로 큰 나무가, 푹신푹신한 처녀의 엉덩이 같은 눈이 걸터앉은 나무가 하나하나 털며 피우는 종양 같은 잎들, 물방울들은 깃을 펴는 산새떼의 날갯짓에도 빛나고 겨우내 부스럼 앓던 야윈 얼굴의 아이가 걸어나와 묘사 덜 된 봄 이른 風景의 강둑에 앉아 딱지를 떼어 흘려보낸다 김이 오르는 강물은 아이의 마음에 들어와 아이는 숨이 가쁘고, 수증기가 눈앞에 어른어른하였다 오므린 태양의 입 근처에서 꿈꾸는, 더듬거리는

봄나무

內衣를 던졌다
채 녹지 않은 눈을 인 겨울 나무가
불길 속에 그림자로 서 있었다
나무는
모든 나뭇가지 속에 간직한 기억을 마저
죽은 사람의 內衣를 태우듯, 불길 속에서
녹였다
나도 겨울 나무처럼
시린 발바닥이 따뜻해졌고,
눈 녹은 자리에서 물이 흘렀다
나뭇가지마다 점점 많은 물 흐르는 소리,
맑고 푸른 불꽃이
상류로 거슬러오르는 물고기떼처럼
그 물 속에서 솟구쳐올랐다
內衣가 다 탈 때까지,
나는 고개를 돌리지 못했다
이윽고 눈을 들었을 때
발바닥에서 올라온 물 같은 불기가,
주르르 흘러내렸다
타버린 재 속에서 바람에 불꽃이 확 살아오르고,

서서히 안에서 흔들리는 겨울 나무,
이미 봄인 나무여

옛집 지붕

눈이 덮인 옛집 끊임없이 파르라한 빛이 뿜어져나왔다.
쉬이 녹지 않는 눈을 이고
주름이 깊어지며 속에서 빛이 타는 지붕을 바라보며,
우물에 빠졌다 살아난 한 친구를 생각하였다.
──물 위에 잔잔히 파동지며 배어나는 향기를 남겨놓은 채
어디에 가 사는지 마을 사람들에게 물어보면
서늘한 우물맛을 보라고 물 한 대접 나에게 내밀까,

밤이 오면 별이라는 구멍에 눈을 대고
세상을 훔쳐보는 영혼을 그려보았다.
인연을 끊지 못하고 지상에 동백 떨기 처자식을 남겨두었는지
깜박거릴 때마다 쉴새없이 떨구어지는 빛을 생각하였다.
그리고 우리집을 마지막으로 지어놓고 목을 매고
죽은 친한 목수의 모습을 떠올려보았다.

밤에 몰래 내려와 쌓인 별의 눈꺼풀이

지붕에 한 겹의 슬픔을 더 두르고
 끊임없이 내부를 통풍시키며 빛을 내는 모습을 바라보았다.
 왜 죽었는가 묻지 말라고,
 환하게 얼굴의 응혈을 풀어내는 깜박거림을 보았다.
 그 모든 것이 겨울을 지탱한 옛집 지붕의 향기고 비밀이라고
 쉬이 녹지 않는 눈 속에서 파르라한 빛이 뿜어져나왔다.

첫 눈

　상갓집의 흰 천막에 달려 있는 삼십 촉 전구와 빛, 아이들과 늦도록 공을 찼고…… 부지런히 책보 속의 필통처럼 달그락거리며 넘던 저녁산에서 황혼처럼 새어나오던 幼年時節 멀리서도 호곡 소리 백열전구같이 밝아지던, 동네 어귀에 이르면 비로소 죽은 사람이 나의 家族이 아니라는 사실에 호호 손을 불고 사립문을 열면 쿨럭쿨럭 쏟아져나오던 기침 소리, 천막 속 불빛처럼 어둠 속에서 하얗게 빛나고 있었다

해지는 쪽으로

아이들은 모두 해지는 쪽으로 걸어간다
모래밭 딸랑딸랑 나귀는 고개 돌리며 가고
과실들 향기를 한 꾸러미
강가에 풀어넣고 목이 길어진 구월이 간다
"끼루룩"
취한 물새들이 침 묻힌 손으로
헐은 족보책 넘기는 소리를 낸다
나귀야 어서 오렴, 모래밭 멀리 아이들아
해지는 쪽에서 붉은 얼굴로 새들이 쫙
양 날개를 편 곳
구월이 멍가슴 휩쓸고 가는 소리

집으로 가는 길

수리조합 키 큰 해바라기 무슨 생각을 저렇게
촘촘히 얼굴에 박아놓고 흔들흔들하나……
나는 해바라기 얼굴을 손톱으로 파기 시작했다.
기억이 소리치며 수리조합을 가득 채우며 흘렀다

일요일 날 아이들은 반짝반짝하는 껌종이를 주우러 철길로
갔다. 철길에 향을 배어내는 껌종이. 향은
기차가 지나간 마을을 설레게 하였다
언젠가는 떠나야 할 들판. 나는 질경이꽃처럼 핀
아버지 못난 일생이 덮은 논가의 나락을 뜯어올려
수리조합 물 속에 깊이 가라앉혔다
죄지은 손처럼 물결은 으스스 나를 감아쥐고
수리조합 둑방. 바람에 실려 떠가는 방아깨비 발에
풀잎의 영혼이 잡혀 올라갔다
나는 아이들보다 한걸음 늦게 따라다녔고
집으로 몰래 가 문을 닫고 한번도 마을 구경을 하지 못한
병든 살구나무처럼 틀어박혀 둥치에
지금은 기억나지 않는 罪를 손톱으로 파며

교회 예배당 종루를 오랫동안 바라보았다
나의 머리 위로 마른 살구나무 가지에 구름이 한 점
아주 하얗고 아득히 높은 종소리로 점점 집을 떠메고
사라져갔다. 그리고 나는 캄캄한 수리조합 둑을 질러
새벽 열차에 짐짝처럼 몸을 싣고 떨었다. 고향을 잊을
수 있을까. 노오랗게 잘 익은 참외처럼 달이 비춘 둑길이
바짓가랑이에 풀물로 배어 있는 것을 보았다.
지금은 살구나무도 베어졌겠지, 구름의 집 한 채
수리조합 물 속에 삐걱삐걱 대문을 열고
기억나지 않는 罪는 무슨 내용이었을까
해바라기를 파낸 손톱 끝에
남아 있는 물기와 함께 수리조합 길 끝
마을 입구에 다다른다.

밥풀 같은 꽃 한번 피워보지 못한 병든 살구나무 가지에 구름은 몇 번이나 집을 허물었는지

중국집

검은 도둑고양이가 어둠 속에서 풀려나는 집들을 지그시
발톱으로 누르며 가르릉 남은 잠이 올라가는 굴뚝 연기를
아쉽게 보내준다 아, 아파라
냄새로 풍겨나오는 어린 시절을 물끄러미 바라보며
밥 먹으러 식당 가는 길, 저녁에
문득 날이 밝아오고
어둠이 개이고 새들은 공기의 속으로 날아
내 마음은 자꾸만 자리가 넓어진다

봄의 幻

1
이름 떨어진 선술집 유리창에 흐르는 불빛 하나가
반짝거리고 있다, 그 불빛 따라가면
인적 끊긴 유곽에 측백나무 한 그루가
눅눅한 물관을 통해 다른 불빛을 길어올리고
무꽃이 허기처럼 흩날리는 바람의 집이
그 끝에 흔들렸고 가난한 뜰에 꽃나무로 서 있는
누이의 오래 된 그림자 속으로
무청 같은 靑年들이 도망가는 첫차가 불을 켜고 지나 갔다
서울에는 무슨 꽃이 폈을까 졌을까
채무처럼 경적이 울려나오는 것처럼
그렇구나, 故鄕이 저 유곽의 낡은 측백나무가
길어올리는 불빛들로
유리창에 흐르며 부르는구나
꺼져라 불빛, 삶은 늘 그랬다
나무 한 짐 하러 산속으로 들어가
어둠이 고여 있는 생소나무 가지를 꺾으면
뚝뚝 소리내며 저녁이 떼거리로 몰려오고 그래……
민들레 씨앗처럼 흩어져서

구 년의 도시 생활은 드문드문 빛났다

2

잠깐 말소리 끊어졌다가
차소리 이어지고
나의 귓바퀴 안으로 물오르는 만큼
잎 피는 소리가 들어왔다

손님 없는 버스의 환한 내부처럼
취기가 퍼진다
사람들은 이 세상 낮은 곳에서
낮은 만큼 水位도 금방 높아진다고 하며
높은 분들을 씹다가,
화장실로 하나둘 사라지고

유곽의 나무, 쉼 없이
유리창에 흐르는 불빛들
창밖에 봄 풀씨 날아가다가
문 열릴 때마다 하나둘 들어와 앉고
짐짝처럼 풀어진 달이

인적 끊긴 유곽의 나무 꼭대기에서 터벅터벅
창유리로 걸어온다

3

비 내린 비포장 도로를 대형 트럭이 지나가고
타이어 헛돈 자리마다 기름이 고여 있다
구석으로만 몰리는 덜 치운 낙엽더미로 뒹구는
꿈, 시골 출신의
이십대의 젊음 속으로 느릿느릿
불켠 트럭이 지나가고 불빛이 쏟아지고 아,
무지개가 진창 속에 걸려 있고
나는 그 기름 덩어리가
자꾸만, 나더러 내려오라고 손짓하는지
아니, 내가 내려가고 싶어하는지
그 얕은 물 속에 잎을 피우는
무지개의 다리, 진창 속에 엉킨
기름 자국에 걸려 있는 故鄕,
어둠 속에 희미해져가는 바퀴 자국처럼

동시 상영관의 추억

자연은 과자다 그 과자로 애인을 만든다
어느 날 애인은 임신을 하지만 달콤한 결혼식
피로연은 생기지 않는다 아, 피로하다
피로의 끝은 창끝 오르가슴도 없고 더더욱 약속 따윈
생기지 않는다
그래도 熱덩어리 해가 머리 위에서 꺼지지 않는 것은
내 발의 피가 아직 식지 않았기 때문이고
구두가 닳지 않는 법을 자연에서 배우는 것은
내가 피로하기 때문이 아니고, 머리가 쑤셔서
그런 것은 더욱더 아니다 가령 옛집의 정든 지옥
붉은 열매를 맺는 사과나무를 보면서
올해는 죽은 누이가 위태롭게 가지 끝에 대롱대롱
매달려 있으니 어쩜 좋아 악몽을 꾸고 일어나면
나무에 오르고 싶어하던 그런 일도 이제는 해갈이를
하느라
생기지 않을 것이고, 알약 같은 눈발에 잎처럼 받쳐주고
싶어하던 겨울도 이제 다 지나갔고, 설령
내년에 사과꽃이 핀 자리에 혹처럼 죽은 누이가
만져진다 해도, 이십대 후반에 어쩔 수가 없는 나는
달콤한 즙액은 달콤한 과자이고 애인이고 잊혀진 自然

인데
　사랑도 봉지에 담겨지면 뜯고 싶어지는 것,
　옷을 벗기면 먹고 싶은 욕망의 대용물일 뿐.
　나로 하여금 몇 켤레의 구두를 닳게 했을 뿐이고
　몇 번의 시행착오와 술 먹고 필름이 끊길 때마다
　암전되는 동시 상영관의 잦은 습관과도 같은 人生,
　어느 날은 정말 동시 상영관에 퍼질러앉아
　내 고독한 구두를 지나 새침한 여대생의 하이힐에 먼지를 찍는
　바퀴벌레의, 연민과 번민까지도 생각하는 나는
　과자는 휴식을 생각나게 한다, 라고
　휴식은 버려진 휴지처럼 구겨진 내 人生의 막다른 골목
　애인이고 죽은 누이이고 그래서 긴 주소를 가진 변두리의
　낡은 구두가 쉴 곳 동시 상영관이 아니고 무어라고
　대답할 수 있겠나 정녕 벨을 울려야만 하는 것이냐
　예고 프로도 없이 내 人生에 멋대로 자막을 삽입했던 시간들아 너 동시 상영관아

채색된 영혼의 記錄

 부드러운 막대기, 性器가 아이의 손에 잡혔다. 라디오에서 정오 시보를 알리는 소리가 깊은 동굴 속에 날으는 박쥐의 날갯짓만큼이나 아련했다. 박쥐의 날갯짓이 일으키는 공기의 급속한 변화가 아이의 영혼에 상처를 입혔다. 문을 열려 해도 아이의 영혼에는 모두 못이 박혀 움직일 수 없었다. 환한 눈구멍처럼, 너무나 눈부셔 쳐다볼 수 없는 해가 아이의 심장에 떠올라 숨이 막혔다. 방이 물 속에 잠겼다. 가시만 남은 물고기들이 방안을 이리저리 헤엄치며 빨갛게 충혈된 눈알로 아이를 쏘아보고 있었다. 아득한 곳에서 갈대들이 사면으로 죄어드는 햇빛의 감옥 창살처럼 빛나고, 光衣의 새들이 사냥꾼의 움직이는 표지판이 되어 끼루룩 울부짖었다. 아아, 病이 낫고 있어. 아이의 손 밑에 바지를 내리고 누워 있는 청년이 신음처럼 중얼거렸다. 난초는 접붙여줘야만 꽃이 핀대. 마당에는 난초가, 우물가에는 펌프로 물을 퍼올리며 그의 여동생이 아이의 파리한 얼굴을 바라보며 말했다. 어제도 그제도 아이가 놀러 오면 가슴이 나오기 시작한 난초가 여자에게 물을 주며 속삭였다. 더 세게 움직여. 청년의 몸뚱이가 전구에 달라붙는 징그러운 나방처럼 방안을 가득 채우고도 모자라 문틈으로 길게 그림자를 뻗쳤다. 소년은 이제 그를 바지로 불러야겠다고 생각했다. 어디를 둘러봐도 세상은 바지로 넘치고 있고 그 안에 病을 키우고 있었다. 집으로 돌아가는 길에 아이는 벌써 어른이 되어 있었다. 공동 우물가에서 손을 씻고 씻어도 罪의 냄새는 빠지지 않았다. 보리수나무 가지마다 너무 많은 해가 달려 있어 아이의 눈은 멀어버렸다.

어머니

낮에 나온 반달, 나를 업고
피투성이 자갈길을 건너온
뭉툭하고 둥근 발톱이
혼자 사는 변두리 아파트 창가에 걸려 있다
하얗게 시간이 째깍째깍 흘러나가버린,

낮에 잘못 나온 반달이여

공원에서 쉬다 4

    회한은 살찐 기생충, 어느 날 사내의 목구멍 속에서 끌어올려진다 크악크악 발음되지 못하는 生의 푸른 정오에는 저마다의 몰락으로 아름다운 사람들이 둥글어진다 그들은 나무의 그늘처럼 우리들 삶에 깃들여 산다 나무의 이름 따위가 꼭 중요한 것은 아니다 내 앞을 스치는 여자의 얼굴보다는 치마의 주름살처럼 눈뜬 잎사귀들의 일렁임을 더 사랑하듯, 구석진 곳에서 칠이 벗겨진 벤치들이 한없이 아늑해지는 날은 오고야 마는 것이다,──누가 내게로 와서 벤치가 되어다오,──그러면 나는 내 인생의 푸른 정오를 들려주겠다 저기 저 바람 속에서 바람으로 뛰어오르는 나뭇가지들의 상냥한 속삭임: 귓속으로 다 잦아들어가버리는; 회한은 그 동안 눈부신 빛살 무늬로 탈바꿈한다 이글거리는 눈동자로 한여름의 정오를 응시하고 있는 해가 길바닥에 비친다 그것을 깨진 병조각에서 보는 사람은, 아직 회한을 모르는 사람이다

공원에서 쉬다 5

　죽은 구름들이 먼지 쌓인 창가를 기웃거린다
　붉은 머리를 쳐들고 나무 말들은 심하게 요동친다
　물그림을 그리다 말고 소년은 웅덩이에 비친 하늘을 끌어당겨
　구부러진 나뭇가지처럼 튕겨버린다
　웅덩이가 다시 흐려진다 다시
　수많은 나뭇가지들이 떠올라와 잎들은 숨이 막힌다
　누나는 오늘 죽은 고양이를 군인들이 사는 야산에 묻고
　왔다, 그녀가 이불을 뒤집어쓰고 우는 이유는 늙은 고양이 때문일까
　검은 나무들이 공장 굴뚝처럼 뿜어올리는 잎들
　군인들의 함성 소리에 혓바닥 저쪽의 음험한 공포를 잠깐 보여주곤
　금방 몸을 뒤집는다 다시
　웅덩이가 흐려진다
　아버지는 오지 않았다 어제도 그제도 기억은
　오늘에 머물지 않았다 나는 고양이를 묻은 야산에 절대로 가지 않겠다
　그렇지만 配水地를 지키는 군인들보다 더 빨리 대검을 날릴 수 있어

나무들의 몸뚱이에 콱 쑤셔박히는 한 줄기 광선
웅덩이는 몹시 조용하다
먼지 낀 창이 죽은 구름들이었나
저녁이 오는 속도로 나무 말들은 자리를 박차고,
어디론가 날아갈 듯한 붉은 모습으로 구름의 세월이 떠밀려온다
지상에 남은 것들은 도둑괭이처럼 불켠 웅덩이의 시선을 천천히 비워낸다

크리스마스

겨울 강을 들여다보면, 살얼음보다 빠르게 어는
구름들이 보였다 얼굴을 가리고
웅——웅 교회 종소리가 전봇대처럼 울고 있었다

지붕들은 덧없는 침묵의 완강한 무덤을 풀어헤치고 있고,
하염없이 지는 해의 붉은 날갯죽지 밑으로
세계 지도처럼 풀어져가는 연기들이 배회하고 있었다

얼음 속에 자잘하게 떠 있는
붉은 무늬들과 섞여 종소리는 어디로 떠나가는지

끄덕끄덕 지는 해의 붉은 울음 속으로
채찍 맞은 말이 걸어가고 겨울 강을 들여다보면,
내 몸에 살다 간 어떤 아픔이 문득 눈부시게 솟구쳐
저녁의 날갯죽지가 길어진다

시에스터를 즐기는 屍體

나는 아주 희한한 발톱을 본 적이 있다
아프리카 기아 난민의 쓸모없이 튀어나와 있는 주둥이처럼,
그것은 붉은 담요 밖으로 삐죽 나와 있었다
친구의 생일에 팥죽을 얻어먹고 집으로 오다
비탈진 아파트의 경삿길에서 臨終을 맞은
가엾은 노파의 그것은,

보라, 아파트의 한 棟마다 하나쯤은 버려져 있는
낡은 구름들을

아파트 수위가 저기 헐레벌떡 뛰어오고 있다
하늘의 채 메워지지 않은 구멍이
낮달이라고 믿는 그런 오후가
그 주둥이가, 시에스터를 즐기는 시체의 하얀 발톱이었음을,

끈질긴 삶의 정육점에 걸려 있는
저 핏물
저 말없는 발톱의 휴식을

〈해설〉

늙은 시간의 비애

이 광 호

家具란 그런 것이 아니지
서랍을 열 때마다 몹쓸 기억이건 좋았던 시절들이
하얀 벌레가 기어나오는 오래 된 책처럼 펼칠 때마다
항상 떠올라야 하거든
나는 여러 번 이사를 갔지만
그때마다 장롱에 생채기가 새로 하나씩은 앉아 있는 것을 보았다
그 집의 기억을 그 생채기가 끌고 왔던 것이다
새로 산 家具는
사랑하는 사람의 눈빛이 달라졌다는 것만 봐도
금방 초라해지는 여자처럼 사람의 손길에 민감하게 반응하지만,
먼지 가득 뒤집어쓴 다리 부러진 家具가
고물이 된 금성 라디오를 잘못 틀었다가

> 우연히 맑은 소리를 만났을 때만큼이나
> 상심한 가슴을 덥힐 때가 있는 法이다
> 家具란 추억의 힘이기 때문이다
> 세월에 닦여 그 집에 길들기 때문이다
> ——「家具의 힘」일부

박형준의 가구론은 시간론이다. 그가 낡은 가구의 미학을 발견하는 것은 시간의 무늬, 추억의 힘을 보는 것이다. 시간이란 한 순간 흘러가버리는 것이라는 통념이 우리에게는 있다. 그것은 강물이 강바닥의 돌을 스치고 흐르듯이 모래가 우리들의 손아귀를 빠져나가듯이 흘러가버린다. 흘러가버리는 것으로서의 시간은 우리에게 아무런 위안을 주지 않는다. 시간의 속도전은 삶의 무상감과 허무감을 자아낼 뿐이다. 악마적인 변화의 운동만이 유일한 세계의 운행 원리일 때, 과거는 이미 소비된 것 이상의 아무것도 아니다. 하지만 시간은 때때로 그냥 흘러가버리지 않고 흔적을 남기는 것처럼 보인다. 그 흔적은 두 가지 문맥을 동시에 포함한다.

시간의 흔적은 시간이 남겨놓은 어떤 것, 시간이 결정화된 어떤 것을 확인하게 만든다. 여기서는 하나의 명제가 탄생될 수 있다. 시간은 흐르지 않는다. 시간은 쌓인다. 하지만 모든 시간이 양적으로 쌓이는 것은 아니다. 그 시간의 축적은 질적인 차원에서 이루어진다. 왜냐하면 그 축적이야말로 그 축적을 확인하는 자의 내면에서 이루어지는 사건이기 때문이다. 여기에 기억이라는 정신 작용이 관계한다. 기억은 과거적 시간의 재현이 아니라 그것의 재구성이며, 적극적인 의미에서는 새로운 시간의 창조이다. 그렇다면 시간의 흔적을 발견하는 것은 어떤 특정한 시간에 대한 특정한 관찰과 반응에 관계되는 것이다. 이러한 의미에서 시간은 흐르지 않는다. 시간은 여과되고 끊임없이 재창조된다. 기억은 특정한 시간대에 대응하는 선택적인 것이기 때문이다.

다음, 시간의 흔적은 현재라는 시간대의 실재성이 증발해버렸다는 것과 연관된다. 흔적이라는 개념은 시간을 공간화한다. 엄밀하게 말하면 현재라는 시간대는 언제나 허구일 수밖에 없다. 우리가 현재라고 부르는 순간 이미 현재는 더 이상 현재에 머물지 않는다. 우리가 붙들고 있는 것은 현재의 흔적뿐이다. 그 현재의 흔적을 우리가 굳이 현재라고 부를 때, 현재는 허구 이상의 아무것도 아니다. 그것은 현재의 찌꺼기일 뿐이다.

가령 앞 시의 경우 가구에서 "추억의 힘"을 보는 시적 자아는 시간의 축적을 양적으로 파악하는 것이 아니다. 시적 자아가 낡은 가구의 아름다움을 보지 못했다면 시간은 그냥 흘러가버린 것에 불과했을 것이다. 하지만 그 가구에서 추억의 힘을 보는 지점에서 가구는 기억의 생채기를 환기시키는 주술적인 힘을 갖는다. 여기서 가구는 단지 하나의 무의미한 사물이기를 그치고 삶의 비밀스런 곡절과 의미 연관을 맺기 시작한다. 낡은 가구야말로 삶의 굴곡과 상처들을 현시하는 것이기 때문이다. 이때 가구와 삶은 시간에 쓸린 육체라는 차원에서 상동 관계에 있다. 그런데 가구와 삶의 상동 관계를 보는 것은 과거의 시간을 정확히 재현하는 능력에서 비롯되는 것은 아니다.

그것은 차라리 현재적인 삶으로부터 이탈하는 마음의 풍향, 그 상상력의 비행과 연관된다. 낡은 가구의 상처들은 지금 현재의 시간에 존재하면서 동시에 과거에 존재한다. 가구의 상처 속에서 과거와 현재는 상호 침투한다. 그러므로 가구에서 추억의 힘을 본다는 것은 단순히 과거로 돌아가려는 의식의 지향을 말해주는 것이 아니다. 차라리 그것은 현재도 아니며 과거도 아닌 어떤 시간대를 시적 자아가 살고 있음을 보여준다. 기억의 힘은 사물의 의미를 새롭게 하고 새로운 시간을 창조한다.

  황혼이여,――저녁 하늘의 수술 자국이여,――꿈이 태어나는 居所여,
  이 저녁에 또 하나 별빛이 통증처럼 뻗어나온다
  나는 말하지 않으련다, 아물지 않는 상처가
  얼마나 아름다운가를!
  한없이 느릿느릿한 걸음걸이가
  향기를 안으로 익혀 포도송이로 꽉찬 포도나무밭이,
  밀짚 다발 훈훈한 헛간이,

  태양이 자박자박 걸어들어간 숲속에 난 사잇길로
  농부가 걸어나온다 맑은 혓바닥 같은 이슬이 맺힌
  나뭇잎 사이로, 기적처럼
  소방울 소리가 남아 한참 울리고 그때마다
  상처받는 사물들 붉은 속살이 하늘에 가득 돋아오른다

  밥 타는 냄새 속에

> 둥글게 모여앉아 기다리는 家族들,
> 굴뚝에 오르는 연기를 따라가면
> 밥상처럼 차려져 있는 달
> 먼 집, 대답 없는 날들이 대문이 빼꼼 열린 마당
> 서늘한 우물에 어지럽게 떠 있다
> ——「이 저녁에」 전문

저녁은 상처가 아름답게 드러나는 시간이다. 상처란 우선 과거적인 삶의 양상과 연관된다. 그것은 지금 기억되는 삶의 어떤 사건에 닿아 있다. 하지만 상처는 단지 과거적 문제가 아니다. 상처의 발생적 조건이 과거에 연관된다 하더라도 모든 상처는 현재진행형이다. 상처는 상처의 현재성을 보여준다는 의미에서 상처이다. 시인이 또 다른 시에서 "저녁에는 왜 이리 많은/닳은 지문들이 방바닥에 떨어져내리는지"(「저녁의 노래를 들어라」)라고 노래했을 때, 그 지문들이 비록 과거에 만들어진 것이라 하더라도 그 지문들이 떨어져내리는 것은 지금이다. 그렇다면 그 닳은 지문과 늙은 상처의 의미를 각인하는 저녁의 시간은 무엇인가? 저녁은 우선 소멸의 시간대이다. 그것은 현재의 와해와 추억의 발견이라는 정서적 문맥으로 부각된다. 저녁의 삶은 그 소멸의 조건을 극명하게 드러내보인다. 이러한 맥락에서 저녁은 현재와 과거가 겹쳐진 시간대이다. 저녁이라는 조건 속에서 존재는 현재성의 족쇄로부터 풀려나 시간의 이탈자가 될 수 있다. 이 시간의 바깥에서 새로운 풍경이 시작된다. 그 풍경은 "상처받은 사물들 붉은 속살"로 가득하다. 상처의 아름다움을 보기 위해서는 시간으로부터의 이탈이 요구된다. 저녁은 탈현재적인 시간이면서 탈시간적인 공간이다. 그 공간을 채우는 것은 일상적인 장면들이 아니다. 기억의 지층 아래 잠들어 있던 장면들, 하지만 그 장면들은 단순히 과거적 사실의 실증적 재현을 의미하는 것은 아니다. 그 장면들은 "밥상처럼 차려져 있는 달"처럼 삶의 본래적인 순결한 순간들을 각인하는 원초적인 영상이다. 삶의 근원적인 아픔과 기쁨이 아로새겨진 영상이다.

  나는 본다 들여다볼 수 없이 깊은 연못을, 노파들이 오래된 도시의 주름 속에서 느릿느릿 새어나오는 광경을⋯⋯ 살아 있는 건 무채색의 어둠뿐이라는 듯이 끔찍하게 늙은 검은 얼굴들을 보았다 죽은 나무와 밑동에 돋아나는 버섯과 잎 끝에 떨어질 듯 말 듯 매달린 물방울의, 그 휘황한 불꽃의 주인인 그녀들을⋯⋯
  그녀들은 어떻게 알고 서로 모이는가 그들끼리 있을 때만은 왜 쉴새없이 입이 벌어지는가 어둠에 긁힌 듯한 웃음소리를 자랑스레 내는가 테가 닳은 억양이 서로를 감싸주는 친밀한 분위기 때문인가 낡은 벤치들 눈을 굴리며 거들먹거리는 비둘기의 전리품들 깊은 칼집과 사라진 밀어들 어떤 밤의 흔적도 남지 않은 구멍이 사라진 악기들⋯⋯
  그런데 왜 저들은 나에게 매혹적인가 어스름을 빨아들여 털 하나하나가 광휘를 뿜어내는 저녁의 고양이를 만난 것 같은가   ──「공원에서 쉬다 1」일부

  공원에서의 늙은 노파들은 추하게 묘사된다. "추악하

게 늙어빠진 육체들"은 삶의 생기와 욕망을 잃어버린 자들의 몰골을 드러낸다. 하지만 "그런데" 이후 이러한 진술은 역전된다. 시적 화자는 "왜 저들은 나에게 매혹적인가"를 묻고 있다. "추악하게 늙어빠진 육체들"의 매혹은 어디에서 오는 것일까? 노파들의 얼굴의 "깊은 무늬"에는 그들이 지나온 굴곡 많은 시간의 경험들이 새겨져 있다. 그들의 "주름"과 "검버섯"은 단지 생리적인 현상일 뿐만 아니라, 그들의 생이 얼마나 많은 시간에 쓸렸는가를 보여주는 것이다. 그것은 차라리 "시간의 주름"이다.[1] 그 주름에는 삶의 헤아릴 수 없는 순간들이, 그 다양한 시간대들이 동시에 존재하고 있다. 그들의 주름은 일종의 "구겨진 시간"을 보여주는 것인데, 그 구겨진 시간은 단순히 과거로부터 현재에 이르는 시간의 직선적인 진행을 보여주는 것이 아니라, 그들 생의 탄생과 성장과 죽음을 동시에 보여주는 것이다. 노파는 현재를 살면서 동시에 과거를 살고 있는 존재, 구겨진 시간을 사는 존재라고 할 수 있다. 그들은 죽음의 미래로 걸어가면서 동시에 과거로 빠르게 뒷걸음질치고 있다. 그러므로 그들의 추한 육체는

---

1) '주름 *pli* '이라는 말의 문자적 의미를 따라서 보면, 그 인접성 또는 멀리 있음의 단순성을 알게 됩니다. 그것은 다만 위상 기하학(손수건이 접혀 있고 구겨지고 누더기처럼 되어 있는 상태)과 기하학(손수건이 다려져 있고 펴져 있는 상태)의 차이입니다. 우리의 내적 감각을 통해서만큼이나 자연이라는 외부에서, 역사의 시간만큼이나 날씨의 시간에서 우리가 경험하고 있듯이 이 시간은 펑퍼짐하고 단순화된 상태보다는 구겨진 변화체를 훨씬 더 많이 닮았습니다"(미셸 세르, 박동찬 역, 『해명』, 솔출판사, 1994, p. 125).

시간의 악마성에 시달리는 삶의 구조를 드러낸다. 노파들의 "추악하게 늙어빠진 육체"에서 뿜어져나오는 매혹은, 시간을 거리를 두고 바라보고 시간에서 이탈하려는 시적 자아의 내면을 보여준다.

>이제 사물의 말꼬리가 자꾸만 흐려져간다
>이 세계는 잠깐 저음의 음계로 떠는 사물들로 가득 찬다
>저녁의 회디흰 손가락들이 연주하는 강물로
>미세한 추억을 나르는 모래들은 이 밤에 사구를 하나 만들 것이다
>
>지붕에 널어 말린 생선들이 이빨을 딱딱 부딪치며
>전혀 다른 말을 하기 시작하고,
>熔岩처럼 흘러다니는 꿈들
>점점 깊어지는 하늘의 상처 속에서 터져나온다
>흉터로 굳은 자리, 새로운 별빛이 태어난다
>
>그러나 나는 이제 소멸에 대해서 이야기하련다
>허름한 가슴의 세간살이를 꺼내어 이제 저문 강물에 다 떠나보내련다
>순한 개가 나의 육신을 남겨놓고 눈 속에 넣고 간
>나를, 수천만 개의 반짝이는 눈동자에 담고 있는
>멀리 키 큰 옥수수밭이 서서히 눈꺼풀을 내릴 때
>――「나는 이제 소멸에 대해서 이야기하련다」 일부

추하게 늙은 육체의 매혹을 보는 시인이 소멸의 영상

에 대해 집착하는 것은 필연적인 것인지도 모른다. 하지만 소멸의 영상은 소멸이라는 상태 자체에 의지하지 않는다. 소멸은 결과가 아니다. 소멸은 차라리 어떤 의미있는 시간대이며, 그 시간대는 현재이면서, 과거이고, 미래인 복합적인 시간대이다. 소멸의 섬세한 풍경에는 "미세한 추억"과 "하늘의 상처"와 "흉터로 굳어지는 자리"와 "새로운 별빛"이 모두 들어 있다. 거기에는 죽음과 생성이, 추억과 예감이 함께 뒤섞여 있다. 그것은 기억 자체에 의존하지도 않고 예감에만 기울지도 않는다. 그곳에는 기억이 새롭게 태어나 낯선 징후들을 뿌려놓는다. 그 징후들을 통해 우리는 시적 자아의 기억을 읽을 수도 있고, 불확실한 예감들을 짚어낼 수도 있다. 어쩌면 중요한 것은 소멸을 바라보는 시적 자아의 정서적 태도일지도 모른다. "허름한 가슴의 세간살이를 꺼내어 이제 저문 강물에 다 떠나보내련다"라고 노래한 시적 화자는 초연하고 처연하다. 그 초연함과 처연함은 현세적인 갈망으로부터 탈출한 자, 시간을 거리를 두고 사유하는 자의 몫이다. 초연함과 처연함은 차라리 세계에 대한 안쓰러움의 태도에 가깝다. 그 태도는 시간에 시달린 사물들의 상처를 어루만지는 태도이며, 시간의 배반, 시간의 굴곡, 시간의 비애를 받아들이는 태도이다.

> 달팽이 한 마리가 집을 뒤집어쓰고 잎 뒤에서 나왔다
> 자기에 대한 연민을 어쩌지 못해
> 그걸 집으로 만든 사나이
> 물집 잡힌 구름의 발바닥이 기억하는 숲과 길들

어스름이 남아 있는 동안 물방울로 맺혀가는
잎 하나의 길을 결코 서두르는 법 없이
두 개의 뿔로 물으며 끊임없이 나아간다
물을 먹을 때마다 느릿느릿 흐르는 지상의 시간을
등허리에 휘휘 돌아가는 무늬의 딱딱한 껍질로 새기며,
굴뚝으로 빠져나가는 연기에 섞여
저녁 공기가 빠르게 세상을 사라져갈 때
저무는 해에 낮아지는 지붕들이 소용돌이치며
완전히 하늘로 깊이 들어갈 때까지,

나는 거기에 내 모습을 떨어뜨리고 묵묵히 푸르스름한,
비애의 꼬리가 얼굴을 탁탁 치며 어두워지는 걸 바라본
다 ──「달팽이」 전문

　시간을 포복해가는 달팽이의 이미지는 어쩌면 이 시집을 관통하는 시적 자아의 내면적 지향을 상징적으로 그려주고 있다. 달팽이는 느릿느릿 자신의 공간을 기어간다. 달팽이의 움직임은 공간에서 진행되는 것이지만, 그것은 또한 시간 위에서 진행된다. 달팽이의 느릿느릿한 포복은 시간을 느릿느릿 흐르게 한다. "지상의 시간"이 원래 느릿느릿 흐르는 것이 아니라 달팽이의 포복 때문에 시간은 그렇게 흐르는 것 같다. 아니 달팽이는 그렇게 느릿한 시간을, 늙은 시간을 산다. 달팽이의 느린 포복은 "저녁 공기"의 빠른 운행과 대비된다. 왜 달팽이는 느리게 포복할 수밖에 없을까? 이러한 질문은 생물학적인 맥락을 벗어난다. 달팽이는 이 시에서 "물을 먹을 때마다 느릿느릿 흐르는 지상의 시간을/등허리에 휘휘 돌아가는 무늬의 딱딱한 껍질로 새기며" 기어가는 존재이다. 달팽이가 느리게 포복할 수밖에 없는 이유는 그가 딱딱한 껍질의 집을 짊어지고 나아가고 있기 때문이다. 그런데 달팽이의 집은 시간의 무게, 시간의 주름으로 이루어진 집이다. 달팽이는 그 무거운 시간의 하중을 견디면서 나아가는 것이다. 그 나아감은 그러므로 반드시 미래를 향해 있지는 않다. 달팽이의 포복은 현재 과거와 미래에 걸쳐 동시에 진행된다. 달팽이의 기어감은 직선적이고 기계적인 시간의 흐름과 다른 차원에서 진행된다. 그 기어감은 시간의 주름 위에서 진행된다. 그 기어감을 통해 달팽이는 낯선 시간들과 조우한다. 그 낯선 시간에는 현재와 과거와 미래가 동적으로 상호 침투하고 있다. 그 모습 역시 초연하고 처연하다. 달팽이에게서 시적 화자는 "푸르스름한 비애의 꼬리"를 본다. 비애는 달팽이라는 개별자의 모습이 자아내는 비애이지만, 넓게는 시간의 주름을 본 자의, 시간의 하중을 견디는 자의 비애일 것이다. 그 비애는 또한 늙은 시간을 사는 자의 비애이다.